四季(사계)를 노래하다
漢詩(한시)로

한시로 사계를 노래하다

초판 1쇄 발행 2024년 2월 26일

지은이 박경영
펴낸이 장길수
펴낸곳 지식과감성#
출판등록 제2012-000081호

교정 김지원
디자인 오정은
편집 오정은
검수 이주희, 정윤솔
마케팅 김윤길, 정은혜

주소 서울시 금천구 벚꽃로298 대륭포스트타워6차 1212호
전화 070-4651-3730~4
팩스 070-4325-7006
이메일 ksbookup@naver.com
홈페이지 www.knsbookup.com

ISBN 979-11-392-1676-9(03810)
값 13,400원

- 이 책의 판권은 지은이에게 있습니다.
- 이 책 내용의 전부 또는 일부를 재사용하려면 반드시 지은이의 서면 동의를 받아야 합니다.
- 잘못된 책은 구입하신 곳에서 바꾸어 드립니다.

지식과감성#
홈페이지 바로가기

漢詩(한시)로
四季(사계)를 노래하다

박경영 지음

목차

머리말 _ 6
봄 _ 9
여름 _ 83
가을 _ 133
겨울 _ 171

머리말

늘 심심해 뒷산에 오르면
폭포는 더부룩한 흰 갈대가 덮고
산향은 나를 반겨 맞아 준다.
　길가에 많은 풀들은 저마다 이름이 있어 하나하나 불러 주면 좋아라 한다.

　봄이면 파릇파릇 사랑을 그리며 생동하는 새싹들….
　온갖 현란한 꽃 잔치.
　조용히 산길을 걸으며 숲 소리를 들어 보면 뭇 새들의 노랫소리, 물소리, 바람 소리가 내 마음을 정화시킨다.

　여름이면 잎이 무성한 초목은 시원한 그늘을 만들어 주고 애벌레 곤충 날벌레 날아 귀찮게 해도 비밀스러운 숲의 생명의 탄생들….
　열매는 부지런히 익고 싱그러운 도토리 뚝뚝 떨어지는 소리.

　가을이면 홍황의 단풍 낙엽길을 걸으며 절로 노래를 흥얼거린다.
　열매는 견고하게 익어 제 색을 나타내고 밤송이 입을 벌려 떨어진 갈빛 밤들,

여문 도토리 빨갛게 익어 가는 팥배 열매.
산사의 저녁 종소리에 갑자기 숙연해지기도 한다.

겨울이면 성긴 숲에 바스락거리는 소리,
까치 비둘기 먹을 것을 찾고
잣나무 푸른 잎에 눈꽃을 얹어 놓아 무거워 절로 떨어지는 눈가루.
탁탁 나무를 쪼아 대는 예쁜 딱따구리.
추워 입김 나오고 콧물 흘러도 무채색의 숲에 반해 사진을 찍어 본다.

사계절 무엇 하나 소중하지 않은 게 없고 자연의 아름다움에 감사하는 마음 절로 든다.
이 모든 것을 한시로 표현해 엮어 보았다.

회양목 봄

二月末休日登山
이월말휴일등산
山路遊出山客多
산로유출산객다
太陽無限撒温气
태양무한살온기
碧空午月從來我
벽공오월종래아

山寺雀烏興來鳴
산사작오흥래명
疎林吹風醒冬芽
소림취풍성동아
地裏生物伸声聽
지리생물신성청
去春如昨又春來
거춘여작우춘래

이월 말 휴일, 산에 오르니
산길엔 놀러 나온 산객들 많다
태양은 한없이 온기를 뿌려 주고
푸른 하늘에 낮달은 나를 따라오네

산사엔 흥이 난 까치 까마귀 울어 대고
성긴 숲에 부는 바람은 겨울눈을 깨운다
땅속에 생물은 기지개 켜는 소리 들리고
지난해 봄이 어제 같은데 또 봄이 왔구나

人夫剪枝不似木
인부전지불사목
風掀舞袂不可見
풍흔무몌불가견

幾年作功䧺巢落
기년작공작소락
一䧺不離回周边
일작불리회주변

인부들이 나뭇가지를 베어 나무 같지가 않다
바람에 나부껴 춤추던 소매도 볼 수 없네

몇 년간 공들여 만든 까치집은 떨어지고
까치 한 마리 떠나지 않고 주변을 맴도는구나

今日三一節登山
금일삼일절등산
昨春雨後落葉紅
작춘우후락엽홍
春风烈吹醒空林
춘풍렬취성공림
始遇靑鼠一冬肪
시우청서일동방

向晚日長暉滿林
향만일장휘만림
山路時時山香上
산로시시산향상
橡間縹天白雲散
상간표천백운산
阪路獨下自意悰
판로독하자의종

靑鼠(청서): 청설모

금일 삼일절 산에 오르니
어제 봄비 내린 후라 낙엽이 붉다
봄바람은 맵게 불어 빈 숲을 깨우고
비로소 만난 청설모는 겨우내 살이 쪘구나

저녁 무렵인데도 해는 길어져 숲에 햇살 가득하고
산길엔 때때로 산향 올라오네
상수리나무 사이 옥빛 하늘엔 흰 구름 흩어지고
산비탈 길에 홀로 내려오니 절로 마음 즐겁네

萬物醒眠驚蟄節
만물성면경칩절
春风接吻荒凍地
춘풍접문황동지

江原如前開雪花
강원여전개설화
惟南村紅梅春意
유남촌홍매춘의

만물이 잠을 깨는 경칩절

봄바람은 거칠고 언 땅에 입맞춤해도

강원은 여전히 눈꽃을 피우는데

오직 남쪽 마을 홍매만이 봄마음이라데

雨声醒眠曉五時
우성성면효오시
竟夜春雨敲大地
경야춘우고대지

一冬舊塵埃皆洗
일동구진애개세
裸草木卽被新衣
나초목즉피신의

빗소리에 잠을 깨니 새벽 다섯 시
밤새도록 봄비가 대지를 두드리네

겨우내 묵은 먼지 모두 씻어 내고
벌거벗은 초목은 곧 새 옷을 입겠구나

山茱萸蕾點黃燈
산수유뢰점황등
翠芽難開眼窺外
취아난개안규외

忽然幽煙訪山村
홀연유연방산촌
春雨操心敲剪枝
춘우조심고전지

산수유 꽃봉오리는 노란 등을 켜고
푸른 싹은 눈을 힘겹게 떠 밖을 엿보는데

홀연히 깊은 안개 산마을에 찾아오니
봄비는 조심스레 베인 나뭇가지를 두드리네

昨終日春雨靄靄
작종일춘우애애

谷谷細流淸亮聽
곡곡세류청량청

無疵碧空掠我意
무자벽공략아의

春风凉吹噴山香
춘풍량취분산향

山茱萸蕾猝黃拆
산수유뢰졸황탁

春林衆鳥美声唱
춘림중조미성창

去年向此時遇雉
거년향차시우치

疎林輒驚落葉声
소림첩경락엽성

어제 종일 봄비에 안개 자욱하더니
골마다 가는 물소리 맑고 깨끗하게 들린다
흠 없는 푸른 하늘은 내 마음을 빼앗고
봄바람은 시원하게 불어 산향을 뿜어내네

산수유 꽃망울은 갑자기 노랗게 터지고
봄 숲에 뭇 새들 아름다운 소리로 노래한다
작년 이때쯤 꿩을 만났는데
성긴 숲에 낙엽 소리에 문득 놀라네

午後有事暫外出
오후유사잠외출
天气陰散過細雨
천기음산과세우

春风荒吹搖發芽
춘풍황취요발아
越墻黃散山茱萸
월장황산산수유

雨傘中行人闭衣
우산중행인폐의
春來錯亂輒踟躅
춘래착란첩지주

오후에 일이 있어 잠시 밖을 나가니
날씨는 음산하니 가는 비 지나가네

봄바람은 거칠게 불어 눈튼 싹을 흔들고
산수유는 담을 넘어 노랗게 흩어진다

우산 속 행인 옷깃 여미니
봄은 왔는데 헷갈리나 문득 머뭇거리며 망설이네

晝夜同長春分節
주야동장춘분절
不時春雪迷我意
불시춘설미아의

古诗春來不似春
고시춘래불사춘
長久回回再其時
장구회회재기시

風雪發芽寒接吻
풍설발아한접문
俄驚衆鳥合翹飛
아경중조합교비

밤낮의 길이가 같은 춘분절
때아닌 춘설이 내 마음을 홀리네

옛시에 봄이 왔는데 봄 같지 않다 했는가
오랜 세월 돌고 돌아 다시금 새로구나

눈바람은 튼 싹에 찬 입맞춤하고
갑자기 놀란 뭇 새들 꽁지깃 모으고 나네

晩午後兩人山行
만오후량인산행
錯茱萸生薑始明
착수유생강시명

發芽叛乱如散霎
발아반란여산삽
晩鍾松林稀微聽
만종송림희미청

埃雲中夕陽痛眼
애운중석양통안
促步歸車目亦紅
촉보귀차목역홍

늦은 오후 두 사람 산행하는데
헷갈리던 산수유 생강나무 비로소 알게 되었다

움트는 새싹들의 반란은 흩어지는 가랑비 같고
저녁 종은 솔숲에 희미하게 들리네

먼지구름 속 저녁 해는 눈을 아파하고
걸음 재촉해 돌아오는데 차들눈 또한 붉구나

왼쪽(생강나무) 꽃자루 부분이 짧아 가지에 꽃이 붙인 듯이 둘씩 짝지어서 피어요. 푸르스름한 녹색을 띠고 있고요.
오른쪽(산수유) 꽃자루가 길게 뻗어 나와 봉오리가 맺혀 있으면서 꽃자루 부분이 온통 노란색이에요.

봄 29

欲告春信妈妈行
욕고춘신마마행
川邊絲柳垂枝翠
천변사류수지취
石上一鳥展翼立
석상일조전익립
水中幼鳧獨泳遊
수중유부독영유

鐵路垠望春黃發
철로은망춘황발
道路车埃同疾走
도로차애동질주
春风乱吹翩圍巾
춘풍란취편위건
疲劳白天如積霧
피로백천여적무

望春(망춘): 개나리
圍巾(위건): 스카프

봄소식을 알리러 엄마한테 가는데
시냇가 수양버들은 드리운 가지가 푸르다
돌 위에 새 한 마리 날개 펼치고 서 있고
물속에 어린 물오리 홀로 헤엄쳐 노네

철로 가장자리엔 개나리 노랗게 피었고
도로에 차들은 먼지와 함께 질주한다
봄바람은 어지러이 불어 스카프를 펄럭이고
지친 하얀 하늘은 안개 쌓인 듯하구나

三月末日景微微
삼월말일경미미
處處群鳥歌声滿
처처군조가성만
木木點芽燈煌煌
목목점아등황황
紅黃花宴染春山
홍황화연염춘산

柏林平床人已臥
백림평상인이와
橋路上賞春客喧
교로상상춘객훤
疎林塵風土臭上
소림진풍토취상
穿地出草翠色鮮
천지출초취색선

삼월 말일 볕 미미하고
곳곳에 뭇 새들 노랫소리 가득하다
나무들은 싹들을 켜 반짝거리고
홍황의 꽃 잔치는 봄 산을 물들이네

잣숲의 평상에는 사람 벌써 누웠고
다리 길에는 상춘객 시끄럽다
성긴 숲은 먼지바람에 흙냄새 올라오고
땅을 뚫고 나온 풀은 취색이 곱구나

隣长電话醒午睡
인장전화성오수
外出烈花風沁身
외출렬화풍심신
连二日春雨软地
연이일춘우연지
如錐突出翠芽乱
여추돌출취아란

春风無情搖草木
춘풍무정요초목
碧空清明凉兩眼
벽공청명량량안
快步尋艾沾溪流
쾌보심애첨계류
翌日約下躑已漫
익일약하척이만

이웃 어르신 전화에 낮잠에서 깨어
밖으로 나오니 매운 꽃바람이 몸에 스민다
연이틀 봄비에 땅은 부드러워
송곳처럼 튀어나온 푸른 싹들의 난리로구나

봄바람은 매몰차게 초목을 흔들어 대고
푸른 하늘은 맑고 깨끗해 두 눈을 시원케 하네
빠른 걸음으로 쑥을 찾으니 계곡물에 젖어 있어
다음 날을 약속하고 내려오는데 진달래꽃 벌써 흐드러지네

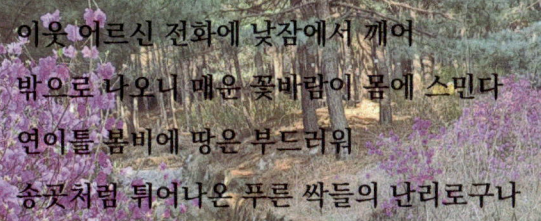

마집 사진 쑥쑥 캐고 계신 할머니

萬林春風演奏声
만림춘풍연주성
地上翠萌一齊唱
지상취명일제창

棲樹衆鳥乘鞦韆
서수중조승추천
草木自舞被麗裳
초목자무피려상

모든 숲에 봄바람 연주 소리에
땅 위에 푸른 싹들 일제히 노래하네

나무에 깃들어 사는 뭇 새들은 그네를 타고
초목은 고운 옷을 입고 절로 춤춘다

사시사철 잎이 푸른 산괴불주머니

春风櫻花紛飛落
춘풍앵화분비락
茱萸生薑花衰殘
수유생강화쇠잔
優雅木蓮何间醜
우아목련하간추
白岩隙躑紅俘眼
백암극척홍부안

巓庵子燃燈新掛
전암자연등신괘
近雉鳴欲尋不見
근치명욕심불견
天一何靑惘然步
천일하청망연보
媛鳥亦從美声囀
원조역종미성전

躑(척): 진달래

봄바람에 벚꽃 어지러이 날아 떨어지고
산수유 생강나무꽃은 쇠하여 잔약하다
우아하던 목련은 어느새 추해지고
흰 바위틈 진달래 붉게 눈을 사로잡네

산꼭대기 암자엔 연등 새로이 걸리고
가까이에 꿩 울음 찾아도 보이지 않는구나
하늘은 어찌 그리도 파란지 마음 잃고 걷고 있는데
예쁜 새 또한 따라와 아름다운 소리로 울어 대네

春山漸漸染綠色
춘산점점염록색
處處春花爭滿開
처처춘화쟁만개
松林新香常迎我
송림신향상영아
松葉間天如蒼海
송엽간천여창해

雉鳴察周圍輒現
치명찰주위첩현
從倨慢雄雉入徑
종거만웅치입경
落葉中履沒纔出
낙엽중리몰재출
無心拊耳有虫驚
무심부이유충경

雄雉(웅치): 수꿩

봄 산은 점점 녹빛으로 물들고
곳곳에 봄꽃은 다투어 가득하게 피네
솔숲에 새로운 향은 언제나 나를 반기고
솔잎 사이 하늘은 푸른 바다 같구나

꿩 울음에 주위를 살피니 문득 나타나
거만한 수꿩 쫓아 지름길로 들어가니
낙엽 속에 신발 빠져 겨우 나왔는데
무심히 귀를 만지니 벌레 있어 놀랐네

櫻花软紅染石階
앵화연홍염석계
瀑布萬花發絢爛
폭포만화발현란
處處橡花垂綠簾
처처상화수록렴
路边草色櫛比新
노변초색즐비신

间或林山鳩鳴流
간혹림산구명류
花香醉鳥微啼鮮
화향취조미제선
兩人採蓬日暮歸
양인채봉일모귀
九龍木花起如雲
구룡목화기여운

九龍木(구룡목): 귀룽나무

벚꽃은 돌계단을 연홍으로 물들이고
폭포엔 온갖 꽃들 피어 아름답게 빛난다
곳곳에 상수리꽃은 녹색 발을 드리우고
길옆에 풀빛은 즐비하게 새롭구나

숲에는 이따금 산비둘기 울음 흐르고
꽃향기에 취한 새 가녀린 울음 곱다
두 사람 쑥을 캐다 날 저물어 돌아오는데
귀룽나무꽃이 구름처럼 피어나네

憐姉同行烏耳島
인자동행오이도
隨堤防路腥臭上
수제방로성취상
干潟地衆鴎喧鳴
간석지중구훤명
間或群舞散客想
간혹군무산객상

隣近魚場海物滿
인근어장해물만
魚船竝継船着場
어선병계선착장
鄙陋商店呼行人
비루상점호행인
遠高層家迎海風
원고층가영해풍

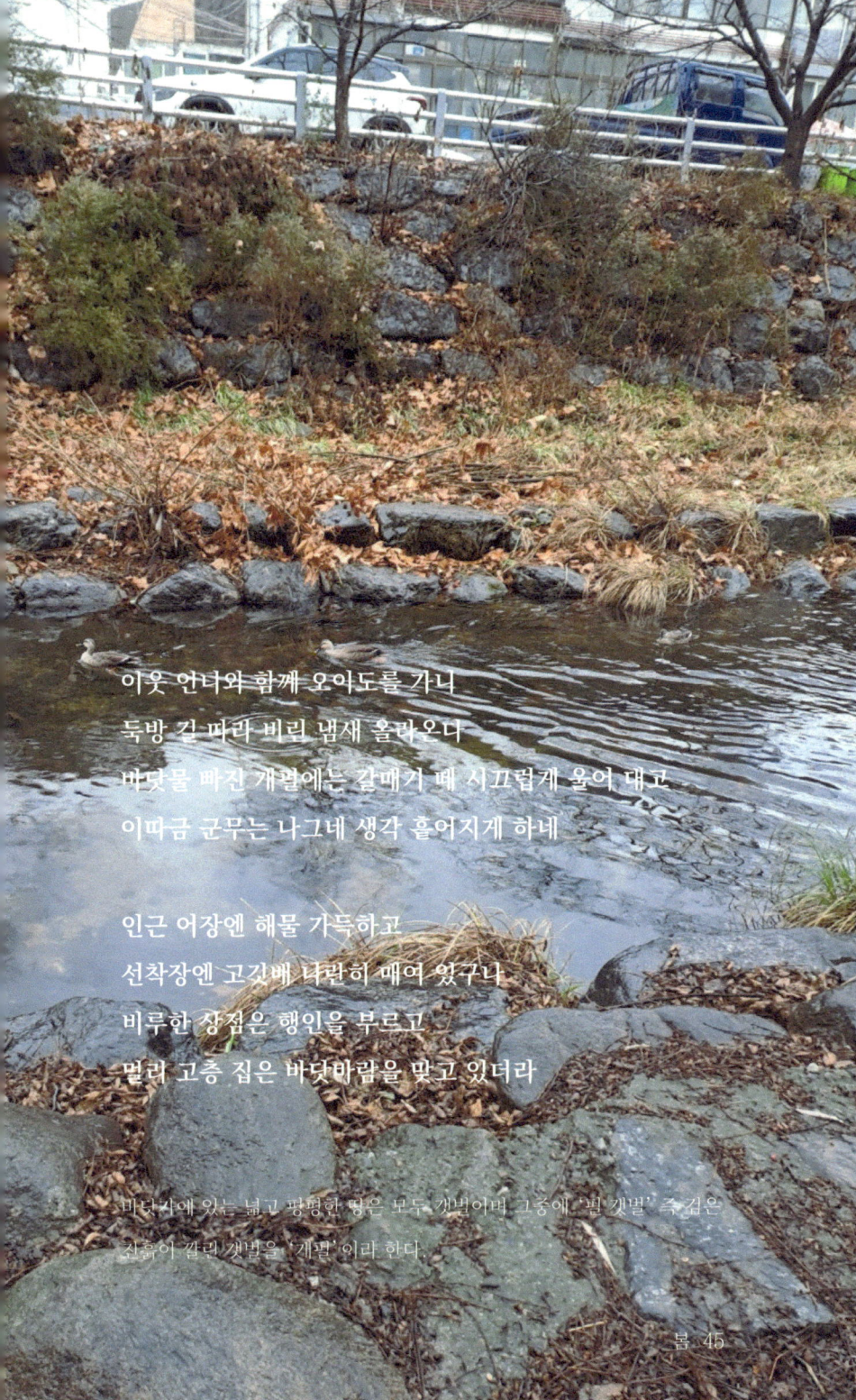

이웃 언니와 함께 오이도를 가니
둑방 길 따라 비린 냄새 올라오니
바닷물 빠진 개펄에는 갈매기 떼 시끄럽게 울어 대고
이따금 군무는 나그네 생각 흩어지게 하네

인근 어장엔 해물 가득하고
선착장엔 고깃배 나란히 매여 있구나
비루한 상점은 행인을 부르고
멀리 고층 집은 바닷바람을 맞고 있더라

바닷가에 있는 넓고 평평한 땅은 모두 개벌이며 그중에 '뻘 개벌' 즉 검은 찰흙이 깔린 갯벌을 '개펄'이라 한다.

봄 45

午後戴雨傘登山
오후대우산등산
瀑布衆小蚪泳遊
폭포중소두영유
山林圍靄靄帳幕
산림위애애장막
春雨敲落葉演奏
춘우고락엽연주

草木丹粧被麗衣
초목단장피려의
撒香風雨飄飄舞
살향풍우표표무
群鳥興起自音歌
군조흥기자음가
採艾兩人亦自醉
채애량인역자취

오후에 우산을 쓰고 산에 오르니
폭포에 작은 올챙이 떼 헤엄쳐 노네
산숲은 안개 자욱한 장막을 두르고
봄비는 낙엽 두드려 연주하는구나

초목은 단장하고 고운 옷 입고
향 뿌린 비바람에 나부껴 춤을 추니
뭇 새들은 흥이 나서 제소리로 노래하고
쑥 캐는 두 사람 또한 절로 취하네

雨歇午後暫登山　　　　近處庵子讀經流
우헐오후잠등산　　　　근처암자독경류
谷谷細流淸凉聽　　　　深林浥鳥微声鳴
곡곡세류청량청　　　　심림읍조미성명
樹柱饮雨蟠腹黑
수주음우파복흑
櫻子何間漸漸紅
앵자하간점점홍

隨路山香無限噴
수로산향무한분
地上雜草漫茂盛
지상잡초만무성
松林佛頭花懸鈴
송림불두화현령
華山礬花移天星
화산반화이천성

華山礬(화산반): 노린재나무

비 갠 오후 잠시 산에 오르니
골마다 가는 물줄기 청량하게 들린다
나무 기둥은 비를 마셔 배가 불룩하게 검고
버찌는 어느새 점점 붉어지네

길 따라 산향은 한없이 내뿜고
땅 위에 잡초는 제멋대로 무성하다
솔숲에 불두화는 방울을 매달고
노린재나무꽃은 하늘 별을 옮겼구나

근처 암자는 경 읽는 소리 퍼지는데
깊은 숲에 젖은 새 가녀린 소리로 울어 대네

五月雪花立夏木
오월설화입하목
枝枝吐白泡重嫋
지지토백포중뇨

春花爭發頗無心
춘화쟁발파무심
家庭月俄炸祝砲
가정월아작축포

5월의 눈꽃 이팝나무
가지마다 흰 물거품 토해 내 축 휘늘어졌네

봄꽃이 다투어 피어도 자못 무심하더니
가정의 달에 갑자기 축포를 터뜨리는구나

季春五月深夜出
계춘오월심야출
噴香草木暫理息
분향초목잠리식

棟棟家窓燈稀微
동동가창등희미
山村衆蛙唱睡曲
산촌중와창수곡

衆蛙(중와): 개구리 떼

끝 봄인 오월 깊은 밤에 나오니
향 뿜던 초목은 잠시 숨을 고르고

동마다 집 창에 등 희미하니
산마을에 개구리 떼 자장가 불러 주네

兩人登山曠晴明
양인등산기청명
目寒碧空意自膨
목한벽공의자팽
季春洋槐垂蜜簾
계춘양괴수밀렴
買麻藤花點香燈
매마등화점향등

柏香醉靑鼠動遲
백향취청서동지
兩人如夢沒香網
양인여몽몰향망

風雨無數落花路
풍우무수락화로
興來山客步行輕
흥래산객보행경
淸澗無休唱娛歌
청간무휴창오가
間間深壑雉鳴響
간간심학치명향

洋槐(양괴): 아카시아

買麻藤(매마등): 때죽나무

날씨 맑고 깨끗해 두 사람 산에 오르니
눈 시리게 푸른 하늘은 마음 절로 부풀게 하네
끝 봄에 아카시아는 꿀 발을 드리우고
때죽나무꽃은 향등을 켰구나

비바람에 수없이 떨어진 꽃길엔
흥이 난 산객들 걸음걸이 가볍다
맑은 산골 물은 쉼 없이 즐겁게 노래 부르고
간간이 깊은 골엔 꿩 울음 울려 오네

잣향에 취한 청설모는 움직임 둔하고
두 사람 꿈인 듯 향 그물에 빠졌네

春雨後外出
춘우후외출
衆鳥歡飛鳴
중조환비명

處處花宴開
처처화연개
村村甘雨忙
촌촌감우망

춘우 후 밖에 나오니
뭇 새들 기뻐 날며 지저귀고

곳곳엔 꽃 잔치 열리는데
마을마다 단비에 바쁘겠구나

춘우: 봄비

頃者春山怳
경자춘산황

令山客意悰
영산객의종

幼芽點翠燈
유아점취등

春林撒柏香
춘림살백향

茱萸被黃襦
수유피황유

躑躅繞紅裳
척촉요홍상

衆鳥美聲唱
중조미성창

綠葉嫋舞風
녹엽뇨무풍

頃者(경자): 요즈음

躑躅(척촉): 진달래, 철쭉

요즈음 봄 산이 황홀하여
산객들로 하여금 마음 즐겁게 하네
어린 싹은 푸른 등을 켜고
봄 숲엔 잣향을 뿌렸구나

산수유는 노란 저고리를 입고
진달래는 붉은 치마를 둘렀네
뭇 새들은 아름다운 소리로 노래하고
녹색 잎은 바람에 하늘거리며 춤추네

處處櫻花噴白沫

처처앵화분백말

墻上望春黃髮紆

장상망춘황발우

紅色躑躅縶山腰

홍색척촉찰산요

尖翠萱芽刺足懼

첨취훤아자족구

早發茱萸褪色飛

조발수유퇴색비

傲慢木蓮自叩头

오만목련자고두

萱芽(훤아): 원추리 싹

곳곳에 벚꽃은 흰 거품을 뿜어내고
담장 위에 개나리는 노란 머리가 얽히었네

붉은빛 진달래는 산허리를 감고
뾰족한 푸른 원추리 싹은 밟 찌를까 두렵구나

일찍 핀 산수유는 빛이 바래 날리고
오만한 목련은 절로 머리 조아리네

醒眠曉五時
혹면효오시
被衣出開窓
피의출개창

暗睡周圍靜
암수주위정
對面小丘上
대면소구상

盈月俯校庭
영월부교정
無限撒月光
무한살월광

잠을 깨니 새벽 5시
옷을 입고 나가 창을 여니

어둠도 잠을 자 주위 고요한데
맞은편 작은 언덕 위에

보름달은 교정을 내려다보며
한없이 달빛을 뿌려 주네

栢林錦囊花
백림금낭화
如名似錦囊
여명사금낭

翠衣粉紅囊
취의분홍낭
连懸藏何香
연현장하향

잣숲에 금낭화
이름처럼 비단 주머니 같네

푸른 옷에 분홍 주머니
연이어 매달아 어떤 향을 감추었는지?

青天白云相着肩
청천백운상착견
山頭白岩繞綠巾
산두백암요록건

山村淸暉唆愈興
산촌청휘사유흥
春風丁香搖身噴
춘풍정향요신분

丁香(정향): 라일락

푸른 하늘에 흰 구름은 서로 어깨동무하고
산마루에 흰 바위는 녹색 수건을 둘렀네

산마을엔 밝은 햇살이 더욱 흥을 부추기고
봄바람에 라일락 향은 몸 흔들어 뿜어내네

春四月末日
춘사월말일
無伴獨登山
무반독등산
已如夏汗流
이여하한류
春林山客滿
춘림산객만

桃花懸苦殘
도화현고잔
晚發躑落紛
만발척락분
阪路垂綠陰
판로수록음
庵讀經隱隱
암독경은은

至寺花名醉
지사화명취
止步暫时見
지보잠시견

춘사월 말일
짝 없이 홀로 산을 오르니
벌써 여름같이 땀이 흐르고
봄 숲에 산객들 가득하다

복숭아꽃은 매달려 힘들게 남아 있고
늦게 핀 철쭉은 떨어져 어지럽네
산비탈 길은 녹음이 드리우고
암자의 독경 소리 은은하구나

사찰에 이르러 꽃 이름에 취해
걸음 멈추고 잠시 바라보았네

面母親歸旰入林
면모친귀간입림
柏新枝葉如蚓出
백신지엽여인출

洋槐晚林垂珠簾
양괴만림수주렴
甜香飮蜜似囁設
첨향음밀사섭설

我亦醉香遲遲行
아역취향지지행
紅日下村霞中汩
홍일하촌하중골

모친을 만나고 돌아와 해 저물 녘 숲에 들어서니
잣나무 새 가지 잎은 지렁이같이 나오고

아카시아는 저녁 숲에 주렴을 드리워
달콤한 향과 꿀을 마시며 속삭이듯 말하네

나 역시 향에 취해 느릿느릿 걷는데
붉은 해는 아랫마을에 노을 속에 잠기더라

前山綠陰繞屛風
전산록음요병풍
洋槐縫褶如簾垂
양괴봉습여렴수

香濃山村夕陽遲
향농산촌석양지
覆天薄雲醉香留
부천박운취향류

앞산은 녹음으로 병풍을 두르고
아카시아는 주름 꿰매 발처럼 드리웠네

향 짙은 산마을엔 저녁 해도 더디고
하늘 덮은 엷게 낀 구름도 향에 취해 머무네

昏迷洋槐香都消
혼미양괴향도소
路上落花憔悴白
노상락화초췌백
柏林吹风柏花飛
백림취풍백화비
柏叶無力無數落
백엽무력무수락

不知名樹花向下
부지명수화향하
索書則名衆死木
색서즉명중사목
曰實有毒魚衆死
왈실유독어중사
看來結淚白花滴
간래결루백화적

혼미한 아카시아 향 모두 사라지고
길 위에 떨어진 꽃 초췌하게 하얗구나
잣숲에 부는 바람에 잣꽃 날리고
잣잎은 힘없이 무수히 떨어지네

이름을 모르는 나무는 꽃이 아래로 향하고
책을 찾아보니 이름이 때죽나무라
말하길 열매에 독이 있어 물고기가 떼로 죽는다 하네
그리하고 보니 맺힌 눈물 흰 꽃방울이로구나

五月末日已春盡
오월말일이춘진
瀑布積水工事中
폭포적수공사중
遊衆蝌蚪都没憂
유중과두도몰우
路边櫻子渐熟紅
노변앵자점숙홍

茂盛草木待甘雨
무성초목대감우
柏林遇隣长同行
백림우린장동행
松林靑鼠共遊弄
송림청서공유롱
正時晚鍾隱隱聽
정시만종은은청

오월 말일 벌써 봄은 다하고
폭포의 고인 물엔 공사 중이라
놀던 올챙이 떼 모두 없어져 걱정되는데
길옆에 버찌는 점점 익어 붉구나

무성한 초목은 단비를 기다리고
잣숲에서 이웃 어르신을 만나 동행하니
솔숲에 청설모는 함께 놀자 재롱떨고
때마침 저녁 종소리 아득하게 들려오네

影友同登山
영우동등산
瀑布雜草灌
폭포잡초관
阪路綠陰濃
판로록음농
涧声添新鲜
간성첨신선

昨日忙山寺
작일망산사
今日靜閒散
금일정한산
青天懷午月
청천회오월
清晖滿萬山
청휘만만산

買麻藤香水
매마등향수
無惜撒過人
무석살과인
松林誰獨遊
송림작독유
雄翟傷喚伴
웅적상환반

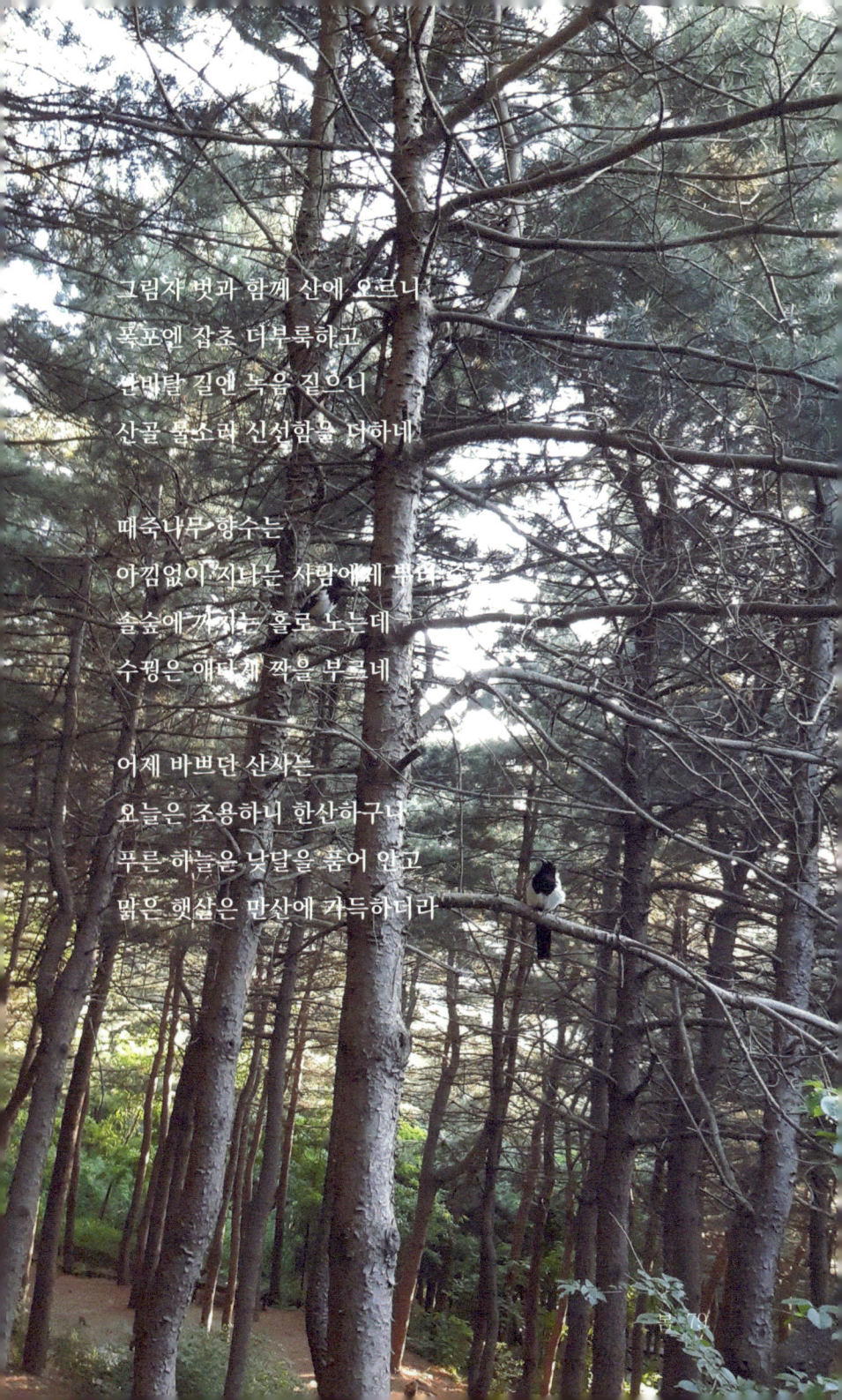

그림자 벗과 함께 산에 오르니
록포엔 잡초 더부룩하고
깐비탈 길엔 녹음 짙으니
산골 물소리 신선함을 다하네

때죽나무 향수는
아낌없이 지나는 사람에게 뿌려주고
솔숲에 까치는 홀로 노는데
수꿩은 애닯게 짝을 부르네

어제 바쁘던 산사는
오늘은 조용하니 한산하구나
푸른 하늘은 낮달을 품어 안고
맑은 햇살은 만산에 가득하더라

五月末週覺兩季
오월말주각량계
尋常兩人共山行
심상량인공산행
淡青天微塵風吹
담청천미진풍취
路边草木密密蒼
노변초목밀밀창

買麻藤花忍泣落
매마등화인읍락
洋槐葉已褪色黃
양괴엽이퇴색황
漸次變林話無雜
점차변림화무잡
晚林下阪送麗嚶
만림하판송려앵

양 계절을 느끼는 5월 끝 주
늘 그렇듯이 두 사람 함께 산행하니
옅은 푸른 하늘엔 미세먼지 바람 불고
길가엔 초목이 빽빽하게 무성하다

때죽나무꽃은 울음 참고 떨어지고
아카시아잎은 벌써 색이 바래 누렇구나
점차 변하는 숲 이야기는 잡스러움 없고
저녁 숲에 산비탈을 내려오니 고운 새소리가 배웅해 주네

바위취 **여름**

子時雨声暫却暑
자시우성잠각서
無端蛙鳴響眠村
무단와명향면촌

遲行六月何間盡
지행륙월하간진
田家村民損深患
전가촌민손심환

田家(전가): 농촌

자시에 빗소리 잠시 더위를 물리고
끊이지 않는 개구리울음 잠자는 마을에 울린다

더디게 가던 유월도 어느새 다하고
전가에 마을 사람들 깊은 시름을 더네

盛夏霖止再暴暑
성하림지재폭서
兩人午後晚登山
양인오후만등산
路边榛子匿窺外
노변진자닉규외
買麻藤實展珠傘
매마등실전주산

淡紫百合叢明徑
담자백합총명경
蒼空白雲繡娥紋
창공백운수아문
都市隣间居索寞
도시린간거삭막
山初面人卽相親
산초면인즉상친

榛子(진자): 개암나무 열매

성하에 장마 그치고 다시 찌는 더위
두 사람 오후 늦게 산에 오르니
길옆에 개암나무 열매는 숨어 밖을 엿보고
때죽나무 열매는 구슬 산을 펼쳤구나

옅은 자색 비비추는 무리 지어 오솔길을 밝게 하고
푸른 하늘에 흰 구름은 예쁜 무늬를 수놓았네
도시에는 이웃 간에 삶이 삭막한데
산에서는 처음 보는 사람이라도 곧 서로 친해지더라

사진: 귀여운 때죽나무 열매

買麻藤實日暉煌
매마등실일휘황
洋槐底柱藥菌長
양괴저주약균장

到松林微風暫休
도송림미풍잠휴
老松頭上烏鳴翔
노송두상오명상

歸路用器具運動
귀로용기구운동
輒出一蟾睚遲行
첩출일섬애지행

蟾(섬): 두꺼비

때죽나무 열매는 햇빛에 반짝거리고
아카시아 밑기둥엔 약버섯이 자란다

솔숲에 이르러 마풍에 잠시 쉬는데
노송의 머리 위로 까마귀 울며 나네

돌아오는 길에 기구를 이용해 운동을 하는데
문득 나타난 두꺼비 한 마리 눈을 흘긋거리며 천천히 가 는구나

向子正滿月皎皎
향자정만월교교
遲行七月何间盡
지행칠월하간진

熱帶夜輾转纔睡
열대야전전재수
黎明蟬鳴醒甘眠
여명선명성감면

자정 무렵 보름달이 밝게 빛나고
더디게 가던 7월도 어느새 다했네

열대야로 뒤척이다가 겨우 잠이 들었는데
여명에 매미 울음 단잠을 깨운다

晚饭后恩恩外出
만반후총총외출
西天紅雲點點浮
서천홍운점점부

酷暑山風亦懷熱
혹서산풍역회열
草林幼山獺匿窺
초림유산달닉규

山獺(산달): 너구리

저녁 식사 후 총총히 밖을 나가니
서쪽 하늘에 붉은 구름은 점점이 떠 있고

심한 더위에 산바람 또한 열을 품었는데
풀숲에 어린 너구리 숨어 엿보네

最惡熱帶夜不眠
최악열대야불면
如夢遊病患者徨
여몽유병환자황

前棟上月射虧光
전동상월사휴광
層層室外機回声
층층실외기회성

최악의 열대야로 잠 못 이루고
마치 몽유병 환자인 듯 어정거린다

앞 동 위에 달은 이지러진 빛을 쏘아 대고
층마다 실외기 도는 소리

巓綠葉波群烏飛
전록엽파군오비

靑天午月稀微白
청천오월희미백

天气快淸視界著
천기쾌청시계저

栢林凉风心身樂
백림량풍심신락

無主三犬尋饵迷
무주삼견심이미

未熟桃子谁已摘
미숙도자수이적

松林我影孜孜從
송림아영자자종

紅紫小荊花俘目
홍자소형화부목

小荊(소형): 싸리

산마루에 녹엽은 물결치고 까마귀 무리 나는데
푸른 하늘엔 낮달이 희미하게 하얗다
날씨는 쾌청하니 시계가 뚜렷하고
잣숲에 시원한 바람은 심신이 즐겁구나

주인 없는 세 마리 개는 먹이 찾아 헤매고
익지 않은 복숭아는 누가 벌써 땄을까?
솔숲에 내 그림자 부지런히 따르고
붉은 자줏빛 싸리꽃은 눈을 사로잡더라

芒种節深夜
망종절심야
顯著巓稜線
현저전릉선
缺月越前棟
결월월전동
暗慰撫山村
암위무산촌

村庭合歡木
촌정합환목
葉葉都睡眠
엽엽도수면
下市夜光煌
하시야광황
其中一日困
기중일일곤

合歡木(합환목): 자귀나무

망종절 깊은 밤
산마루의 능선은 뚜렷하다
이지러진 달은 앞 동을 넘어가고
어두움은 산마을을 어루만지네

마을 뜰에 자귀나무는
잎마다 모두 잠자고
아래 도시의 밤빛은 반짝이는데
그 속에서의 하루는 곤하기만 하다

昨顯忠日夜间颯
작현충일야간삽

先烈守地送甘雨
선열수지송감우

草木沐浴而解渴
초목목욕이해갈

歡被翠衣飄飄舞
환피취의표표무

下市煙霧汩深眠
하시연무골심면

早朝路上行人稀
조조로상행인희

颯(삽): 빗소리

어제는 현충일 밤새 빗소리
선열들이 지킨 땅 단비를 보냈네

초목은 목욕하고 해갈하고
기뻐 취의 입고 나부끼며 춤추네

아래 도시는 안개에 빠져 깊게 잠자고
이른 아침 길 위엔 행인 드물구나

昨雨後孜孜入林
작우후자자입림
路边草木洗颜清
노변초목세안청
橋上柏花葉落紛
교상백화엽락분
松林無人惟我影
송림무인유아영

松風不止松香溢
송풍부지송향일
熟郭公啼久日聽
숙곽공제구일청
柏顚一雒閑暇坐
백전일작한가좌
不知時間人山中
부지시간인산중

郭公(곽공): 뻐꾸기

어제 비 온 후 부지런히 숲에 들어서니
길옆엔 초목이 얼굴 씻어 깨끗하네
다리 위엔 잣꽃 잣잎 떨어져 어지럽고
솔숲에는 사람 없고 오직 내 그림자뿐

솔바람 그치지 않으니 솔향 넘쳐 나고
익숙한 뻐꾸기 울음 오랜만에 들어 보네
잣나무 꼭대기에 한 마리 까치 한가로이 앉아 있고
사람들 산속에서 시간 가는 줄 모르더라

옥잠화잎 위에 떨어진 백화 분(잣나무 꽃가루)

丁酉年折半六月
정유년절반륙월
天气清明天憎青
천기청명천증청
垂綠陰阪橡刺天
수록음판상자천
柏林無限撒柏香
백림무한살백향

顚靑鼠可笑俯狗
전청서가소부구
栗花如松蟲白生
율화여송충백생
松林凉風燥濕汗
송림량풍조습간
遇隣談笑一日忙
우린담소일일망

정유년 절반인 유월
날씨는 청명하고 하늘은 얄밉게 푸르다
녹음 드리운 산비탈엔 상수리나무가 하늘을 찌르고
잣숲은 한없이 잣향을 뿌려 주네

꼭대기에 청설모는 강아지를 가소롭게 내려다보고
밤꽃은 송충이처럼 하얗게 나오네
솔숲에 시원한 바람은 젖은 땀을 말려 주고
이웃을 만나 담소하니 하루가 바쁘구나

旰山村紅染
간산촌홍염
灰雲波潺潺
회운파잔잔

斜阳漬霞海
사양지하해
忽然没惘然
홀연몰망연

해 저물 녘 산마을은 붉게 물들고
잿빛 구름 물결 잔잔하다

사양은 노을 바다에 잠기더니
홀연히 사라져 망연하였네

山寺松林间天青
산사송림간천청
玉簪花出長花柱
옥잠화출장화주

遲下山開場村喧
지하산개장촌훤
棟庭杏子黄燈幽
동정행자황등유

合歡樹花贈天扇
합환수화증천선
路隈櫻產黑眞珠
노외앵산흑진주

산사 송림 사이 하늘은 파랗고
옥잠화는 긴 꽃 기둥을 내어놓았네

천천히 산을 내려오니 마을엔 장이 열려 시끄럽고
동 뜰에 살구나무 열매는 노란 등이 그윽하다

자귀나무꽃은 하늘 부채를 선물하고
길모퉁이에 벗나무는 흑진주를 낳았구나

天气高溫熱汗流
천기고온열한류

阪路乾燥枯塵起
판로건조고진기

飛虫継續從來煩
비충계속종래번

柏顛靑鼠閑暇俯
백전청서한가부

週末山客林林溢
주말산객림림일

栗花無數落噴臭
율화무수락분취

朱黃山百合匿發
주황산백합닉발

殘阳晚林含紅暉
잔양만림함홍휘

山百合(산백합): 산나리

날씨는 고온이라 더워 땀이 흐르고
산비탈 길은 건조해 마른 먼지가 인다
날벌레는 계속 따라와 성가시게 굴고
잣나무 꼭대기에 청설모는 한가로이 내려다보네

주말이라 산객들은 숲마다 넘쳐 나고
밤꽃은 무수히 떨어져 냄새 뿜어내는구나
주황의 산나리는 숨어 피고
남은 볕에 저녁 숲은 붉은빛을 머금었네

今日夏至節
금일하지절
午最長孟夏
오최장맹하
瀑布細流聽
폭포세류청
濕岩衆烏坐
습암중오좌

野花相發誇
야화상발과
百合可笑眥
백합가소자
草木蓋慊塵
초목개혐진
喬橡渴症死
교상갈증사

白蠟哀殘凋
백랍애잔조
激動惟栗花
격동유률화

白蠟(백랍): 쥐똥나무

금일 하지절
낮이 가장 긴 초여름
폭포엔 가는 물소리 들리고
젖은 바위엔 까마귀 떼 앉아 있네

들꽃은 서로 피어 뽐내니
백합이 가소롭게 흘긋거린다
초목은 찐득한 먼지 덮어쓰고
키 큰 상수리나무는 목말라 죽어 가네

쥐똥나무는 애처롭게 시드는데
오직 밤꽃만이 설쳐 대는구나

山寺青天窺林間
산사청천규림간
越寮舍風穿胸中
월료사풍천흉중

六月麗花迎過客
유월려화영과객
正时晚鍾林滿響
정시만종림만향

산사의 푸른 하늘은 숲 사이를 엿보고
절집을 넘는 바람은 가슴속을 뚫어 주네

유월의 고운 꽃들은 지나는 객을 반기고
때마침 저녁 종소리 숲 가득히 울리더라

子夜熱開窓
자야열개창
草木皆汨眠
초목개골면

月光戀望天
월광련망천
但蛙聲滿村
단와성만촌

자야에 더워 창을 여니
초목은 모두 잠에 빠지고

달빛 그리워 하늘을 바라보니
다만 개구리 소리 마을에 가득하네

자야: 자시(밤 11시에서 1시 사이)

山頭衆烏點點飛
산두중오점점비
避雷針烏離獨鳴
피뢰침오리독명

瀑布百合大謔笑
폭포백합대학소
買麻藤淡灰燈煌
매마등담회등황

松林三人依榻子
송림삼인의탑자
林間微风香而凉
임간미풍향이량

산머리에 까마귀 떼 점점이 날고
피뢰침에 까마귀 홀로 떨어져 우네

폭포에 백합은 익살스럽게 크게 웃어 대고
때죽나무는 엷은 회색 등이 반짝거린다

솔숲에 삼인 의자에 기대니
숲 사이로 미풍은 향긋하고 시원하구나

鳥鳴醒眠起
조명성면기
曉雨無声下
효우무성하
間夜靜山村
간야정산촌
衆蛙甚喧啼
중와심훤제

山頭濃霧留
산두농무류
下村汨煙海
하촌골연해
路上無行人
노상무행인
濕風搖喬枝
습풍요교지

七月已仲夏
칠월이중하
歲月!遲遲去
세월지지거

새소리에 잠에 깨어 일어나니
새벽 비는 소리 없이 내리네
간밤에 조용한 산마을에
개구리 떼 매우 시끄럽게 울어 대더니……

산머리엔 짙은 안개 머물고
아랫마을은 안개 바다에 잠겼구나
길 위엔 가는 사람 없고
젖은 바람은 키 큰 나뭇가지를 흔들어 대네

7월 벌써 한여름
세월아! 천천히 천천히 가려무나

雨歇兩人暫登山
우헐량인잠등산
瀑布樹顚烏坐鳴
폭포수전오좌명

銀珠美煌柏葉梢
은주미황백엽초
濕熱慊身撒柏香
습열혐신살백향

間間雨下寂演奏
간간우하적연주
靄靄山路如迷宮
애애산로여미궁

비 그쳐 두 사람 잠시 산에 오르니
폭포의 나무 꼭대기엔 까마귀 앉아 운다

잣잎 나무 끝엔 은구슬이 아름답게 반짝이고
습하고 더운 찐득한 몸에는 잣향을 뿌려 주네

간간이 비 내려 고요하게 연주하니
안개 자욱한 산길은 미궁 같구나

늘 다니던 길에 비 온 뒤 이렇게 나무 한 그루가 쓰러져 버렸다. 맴찢….

天蒸雲重吹風熱
천증운중취풍열
栢林青鼠那可愛
백림청서나가애
買麻藤淡灰珠鮮
매마등담회주선
亂栗花落產毛子
난률화락산모자

山寺菜蔬田好長
산사채소전호장
飛回蜻蛉無數多
비회청령무수다
其中一僧摘苦草
기중일승적고초
松林間天卽如霈
송림간천즉여폐

蜻蛉(청령): 잠자리

苦草(고초): 고추

하늘엔 끼는 구름 무겁고 부는 바람은 덥다
잣나무숲에 청설모는 어찌나 귀여운지!
때죽나무는 옅은 회색 구슬이 깨끗하고
어지럽던 밤꽃 떨어지니 털 열매를 낳았네

산사에 채소는 밭에 잘 자라고
날아도는 고추잠자리는 무수히 많구나
그 속에서 스님 한 분 고추를 따는데
솔숲 사이 하늘은 곧 비가 쏟아질 듯하더라

山寺百合噴濃香
산사백합분농향
松林間天如湖水
송림간천여호수

松葉似水草飄飄
송엽사수초표표
石階淸流一日無
석계청류일일무

紅熟桃子但雌饭
홍숙도자단작반
秋英蜻蛉已话秋
추영청령이화추

산사의 백합은 짙은 향을 뿜어내고
솔숲 사이 하늘은 호수 같구나

솔잎은 수초인 듯 가볍게 나부끼고
돌계단에 맑은 물은 하루 만에 없어졌네

붉게 익은 복숭아는 단지 까치밥만 남아 있을 뿐……
코스모스 고추잠자리는 벌써 가을을 이야기하네

雨歇午後暫登山
우헐오후잠등산
草木沐浴結水滴
초목목욕결수적
無窮花凹閉白落
무궁화요폐백락
至山寺寮舍寂寞
지산사료사적막

松林留霧如迷宮
송림류무여미궁
飮水黑柱皆皤腹
음수흑주개파복
遠對面庵煙同没
원대면암연동몰
山鳩濕鳴吐微弱
산구습명토미약

비 갠 오후 잠시 산에 오르니
초목은 목욕해 물방울 맺혀 있네
무궁화는 오므려 하얗게 떨어지고
산사에 이르니 절집은 고요하고 쓸쓸하다

솔숲엔 안개 머무니 미궁 같고
물 마신 검은 나무 기둥은 모두 배가 불렀구나
멀리 맞은편 암자는 안개와 함께 사라지고
산비둘기 젖은 울음 가녀리게 토해 내네

七月末週旰外出
칠월말주간외출
殘陽黑雲間紅照
잔양흑운간홍조
踏沙回徜虛校庭
답사회상허교정
濃靑樹間鳥飛棲
농청수간조비서

肥眉月浮作葉舟
비미월부작엽주
偶然遇隣娛談笑
우연우린오담소
間間蟬声絶再連
간간선성절재련
漸次暗下俄蛙啼
점차암하아와제

칠월의 끝 주 해 저물 녘 밖으로 나오니
잔양은 검은 구름 사이에서 붉게 비추네
빈 교정에서 모래를 밟으며 돌아 거니는데
짙푸른 나무 사이로 새 날아 깃든다

살찐 초승달은 나뭇잎 배 되어 떠 있고
우연히 이웃을 만나 즐거이 담소하니
간간이 매미 소리 끊어졌다 이어지고
점차 어둠 내리자 갑자기 개구리 울어 대더라

사진: 집 앞의 학교 교정

산딸나무 열매

가을

瀑布幼靑鼠競走
폭포유청서경주
柏林贈實老夫婦
백림증실로부부

山寺石隙飮水下
산사석극음수하
松林衆鳥與愛遊
송림중조여애유

폭포에 어린 청설모 경주하고
잣숲에선 노부부에게 잣을 선물하네

산사 돌 틈에는 물 마시러 내려오고
솔숲에선 새들과 사랑스럽게 노는구나
(청설모의 하루 일과)

合歡木回春再發
합환목회춘재발
時不足出未盡说
시부족출미진설

寒蟬歌秋匿草林
한선가추닉초림
路邊金盞花綽發
노변금잔화작발

百日紅魅了撮影
백일홍매료촬영
過人問何花從撮
과인문하화종촬

자귀나무는 회춘해 다시 피어
때가 부족했나 못다 한 말 꺼내 놓네

쓰르라미는 풀숲에 숨어 가을 노래를 부르고
길옆에 금잔화는 얌전하게 피었구나

백일홍에 매료되어 사진을 찍으니
지나던 사람 무슨 꽃인가 묻더니 따라 찍더라

天被白云衣
천피백운의
瀑布紫花婷
폭포자화정
橋無人閑寂
교무인한적
靑鼠雀徘徜
청서작배상

死洋槐黑柱
사양괴흑주
絡石被自裳
낙석피자상
無陽松林昏
무양송림혼
寒蟬無休鳴
한선무휴명

絡石(낙석): 담쟁이덩굴

寒蟬(한선): 쓰르라미

하늘은 흰 구름 옷을 입고
폭포엔 자색 꽃이 아름답다
다리엔 사람 없어 한적하니
청설모 까치 어정거리며 논다

죽은 아카시아 검은 기둥엔
담쟁이덩굴이 자기 치마를 입혔구나
볕 없는 솔숲은 어둑어둑하니
쓰르라미 쉼 없이 울어 대네

天白綿雲滿風靜
천백면운만풍정
寺田抽荏植萵苣
사전추임식와거
兩人行參差石路
양인행참치석로
山香幽林深人稀
산향유림심인희

路上橡子無數落
노상상자무수락
草虫隱林無休啼
초충은림무휴제
反歸運動山寺近
반귀운동산사근
晚鍾声流林告時
만종성류림고시

荏(임): 들깨

萵苣(와거): 상추

하늘엔 흰 솜구름 가득하고 바람은 조용하다
절 밭엔 들깨를 뽑고 상추를 심었네
두 사람 들쭉날쭉 돌길을 걸으니
산향 그윽하고 숲 깊어 사람 드물다

길 위엔 도토리 무수히 떨어지고
풀벌레 숲에 숨어 쉼 없이 울어 대네
되돌려 돌아와 산사 근처에서 운동하니
저녁 종소리 숲에 퍼져 때를 알리네

橋路遇靑鼠歡迎
교로우청서환영
洋槐黃其無數懸
양괴황기무수현
山寺秋英囁秋話
산사추영섭추화
松林間靑天眼寒
송림간청천안한

剝落栗白粒憎着
박락률백립증착
柏林拾柏子香鮮
백림습백자향선
殘陽深谷撒紅照
잔양심곡살홍조
促步兩人顔亦丹
촉보량인안역단

秋英(추영): 코스모스

다리 길에서 만난 청설모 반갑게 맞이하고
아카시아 누런 콩깍지는 수없이 매달렸네
산사에 코스모스는 가을 이야기 속삭이고
솔숲 사이 푸른 하늘은 눈이 시원하다

떨어진 밤을 벗기니 흰 낟알이 얄밉게 붙어 있고
잣숲에서 주운 잣은 향이 신선하네
남은 볕은 깊은 골에 붉은빛을 뿌리고
걸음 재촉한 두 사람 얼굴 또한 붉구나

無塵靑天誘惑我
무진청천유혹아
向晚不便腰登山
향만불편요등산
枝間蛛网待食者
지간주망대식자
夕陽樹柱畵斑纹
석양수주화반문

栗開荊門窺俗世
율개형문규속세
盡力玉簪花凋残
진력옥잠화조잔
幼靑鼠獨尋家忙
유청서독심가망
余亦下山村場喧
아역하산촌장훤

티 없는 푸른 하늘이 나를 유혹해
해 질 무렵 불편한 허리로 산을 오르니
나뭇가지 사이 거미망은 식자를 기다리고
석양은 나무 기둥에 얼룩무늬를 그린다

밤은 가시 문을 열어 세상을 엿보고
힘 다한 옥잠화는 시들어 쇠잔하다
어린 청설모는 홀로 집을 찾느라 바쁘고
나 또한 산을 내려오니 마을 장이 시끄럽구나

青天白雲漫散遊
청천백운만산유
瀑布不雨細流断
폭포불우세류단

山路朽栗房臭上
산로후률방취상
柏林柏子無粒轉
백림백자무립전

紆林寒蟬無限啼
우림한선무한제
山客紅衣明秋山
산객홍의명추산

푸른 하늘에 흰 구름은 제멋대로 흩어져 놀고
폭포엔 비가 오지 않아 가는 물줄기 끊어졌네

산길엔 썩은 밤송이 냄새 올라오고
잣숲에 잣은 알맹이 없이 굴러다닌다

얽힌 숲에 쓰르라미는 한없이 울어 대고
산객들 붉은 옷은 가을 산을 밝게 하네

山寺因秋客很喧
산사인추객흔훤
橡枝一烏尤大鳴
상지일오우대명

松林靑鼠剝栗房
송림청서박률방
日答鍾声撒紅光
일답종성살홍광

산사는 추객들로 매우 시끄러워
상수리 나뭇가지에 한 마리 까마귀는 더욱 크게 울어 대네

솔숲에 청설모는 밤송이를 벗기고
해는 종소리에 답해 붉은빛을 뿌리네

昨夜秋雨來
작야추우래
天氣冷閉衣
천기랭폐의

前山染秋色
전산염추색
日短早暗下
일단조암하

어젯밤 가을비 오더니
날씨가 차서 옷깃을 여몄다

앞산은 추색을 물들이는데
해는 짧아 일찍 어둠 내리네

久日兩人行石路
구일량인행석로
險岩遮夕陽陰散
험암차석양음산
幽林烏鳴返大響
유림오명반대향
上白岩視野無端
상백암시야무단

蜂戀人臭飛回倦
봉련인취비회권
深壑但话人不见
심학단화인불견
漫長老松層層青
만장로송층층청
山頭丹楓紅染媛
산두단풍홍염원

오랜만에 두 사람 돌길을 걸으니
험한 바위는 저녁볕을 막아 음산하다
그윽한 숲에 까마귀 울음 되돌려 크게 울리고
흰 바위에 오르니 시야는 끝이 없네

벌은 사람 냄새 그리웠나 빙빙 돌아 귀찮게 하고
깊은 골은 말소리뿐 사람은 보이지 않네
제멋대로 자란 노송은 층층이 푸르고
산머리에 단풍은 붉게 물들어 아름답구나

秋天無限杳杳遠
추천무한묘묘원
秋山丹楓被麗裳
추산단풍피려상

秋林美實垂珠簾
추림미실수주렴
林裏生物作家忙
임리생물작가망

가을 하늘은 한없이 아득하게 멀고
가을 산은 단풍으로 고운 옷을 입었네

가을 숲에 아름다운 열매는 주렴을 드리우고
숲속 생물들은 집을 짓느라 바쁘구나

柏林遇兩人同行
백림우량인동행
隨石路喬木櫛比
수석로교목즐비
道中拾枝作二杖
도중습지작이장
山路上下無難易
산로상하무난이

喘息上岩廣市止
천식상암광시지
險岩丹楓麗染美
험암단풍려염미
翠松顚烏獨坐休
취송전오독좌휴
深林日短如飛歸
심림일단여비귀

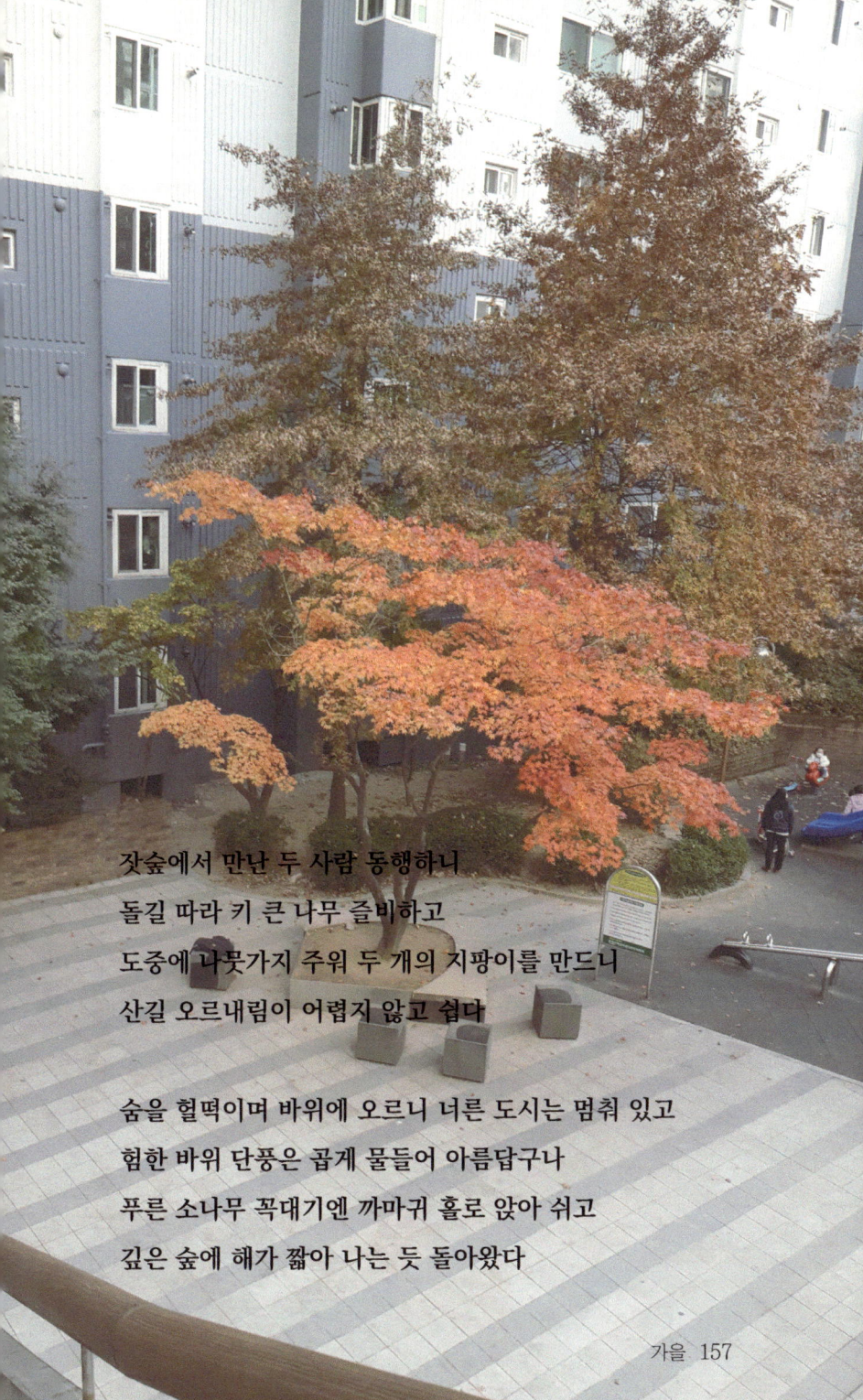

잣숲에서 만난 두 사람 동행하니
돌길 따라 키 큰 나무 즐비하고
도중에 나뭇가지 주워 두 개의 지팡이를 만드니
산길 오르내림이 어렵지 않고 쉽다

숨을 헐떡이며 바위에 오르니 너른 도시는 멈춰 있고
험한 바위 단풍은 곱게 물들어 아름답구나
푸른 소나무 꼭대기엔 까마귀 홀로 앉아 쉬고
깊은 숲에 해가 짧아 나는 듯 돌아왔다

旰暫时徜村
간잠시상촌
天多雲不清
천다운불청
山色夕阳佳
산색석양가
止步惘然望
지보망연망

春日噴香花
춘일분향화
今日穿實婷
금일천실정
路上秋叶轉
노상추엽전
獨興起撮影
독흥기촬영

或月出向校
혹월출향교
喧寒蟬眠靜
훤한선면정
月終于不見
월종우불견
暗坐虛沙場
암좌허사장

해 저물 녘 잠시 마을을 거니니
하늘엔 구름 많고 맑지가 않다
산색은 저녁볕에 아름다워
걸음 멈추고 멍하니 바라보았다

봄날 향 내뿜던 꽃들은
금일 열매를 꿰여 아름답고
길 위엔 가을 잎 구르니
홀로 흥이 나 사진을 찍어 보네

혹 달이 나왔을까 학교로 향하니
시끄럽던 쓰르라미 잠자 조용하고
달은 끝내 보이지 않고
빈 모래 마당에 어둠만 내려앉네

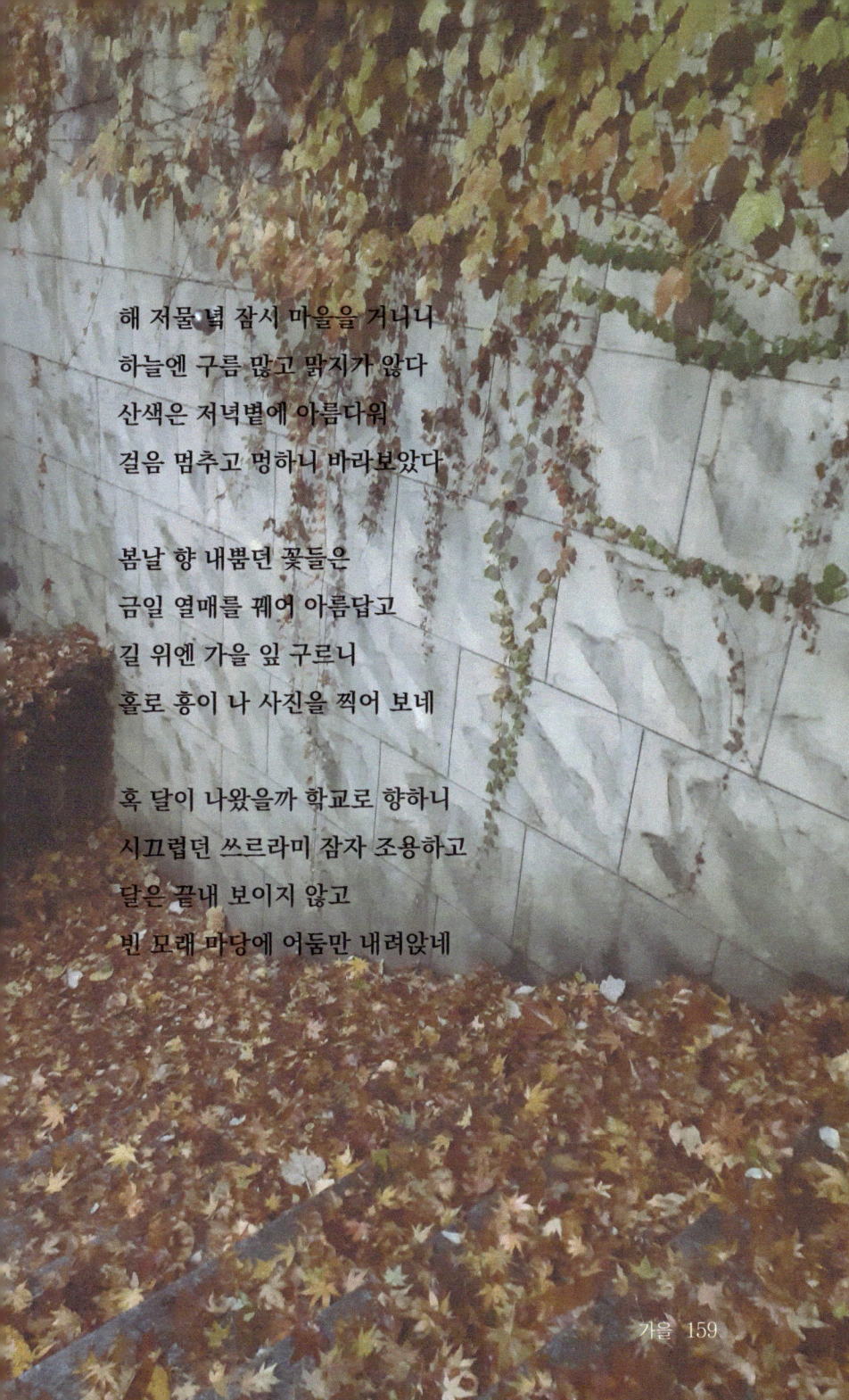

向季秋十月末日
향계추십월말일
青天白雲留風凉
청천백운류풍량

橋上舊柏葉落繽
교상구백엽락빈
喬甘棠被紅實裳
교감당피홍실상

遊靑鼠皆何處去
유청서개하처거
無主平床但樹影
무주평상단수영

甘棠(감당): 팥배나무

늦가을로 접어드는 시월 말일
푸른 하늘엔 흰 구름 머물고 바람 서늘하다

다리 위에는 묵은 잣잎 떨어져 어지럽고
키 큰 팥배나무는 붉은 열매 옷을 입었네

놀던 청설모는 모두 어느 곳으로 갔을까?
주인 없는 평상엔 단지 나무 그림자뿐

今日立冬節景微
금일입동절경미
終日讀累積新聞
종일독루적신문
前庭柿葉皆落空
전정시엽개락공
颭凉闭窓外声断
기량폐창외성단

後庭一槐脱葛衣
후정일괴탈갈의
雜木間丹楓何媛
잡목간단풍하원
室內來去前後庭
실내래거전후정
晩秋情趣不出滿
만추정취불출만

금일 입동절 볕 미미한데
종일 쌓인 신문을 읽었다
앞뜰에 감잎은 모두 떨어져 휑하고
날씨는 서늘해 창을 닫으니 바깥 소리 끊겼네

뒤뜰에 느티나무 한 그루 갈빛 옷을 벗고
잡목 사이 단풍은 얼마나 예쁘던지!
집 안에서 앞 뒤뜰 오가니
늦가을 정취가 나가지 않아도 가득하더라

季秋早曉半月寒
계추조효반월한
風過灰雲匿月色
풍과회운닉월색

未明山村皆睡眠
미명산촌개수면
葉褪色喬木瘦瘠
엽퇴색교목수척

늦가을 이른 새벽 반달이 찬데
바람에 지나던 잿빛 구름이 달빛을 숨기네

아직 밝지 않은 산마을은 모두 잠자고
잎이 바랜 키 큰 나무는 파리하구나

昨日晩秋雨
작일만추우
輒氣冷厚衣
첩기랭후의

巓樹如疎櫛
전수여소즐
寒天烏飛回
한천오비회

어제 늦가을 비에
갑자기 날씨 추워 옷이 두텁다

산마루에 나무들은 성긴 빗 같고
찬 하늘에 까마귀 날아도네

발코니 앞 남은 감을 쪼아 먹는 새들이 너무 귀엽다.

晚午後暫时登山
만오후잠시등산
隨路落葉處處堆
수로락엽처처퇴
甘棠子紅扵丹楓
감당자홍어단풍
獨遊誰跫驚輒飛
독유작공경첩비

山寺夕風風磬亂
산사석풍풍경란
山客不留卽位離
산객불류즉위리
灰雲间斜陽露顏
회운간사양로안
陰散秋林撒溫气
음산추림살온기

늦은 오후 잠시 산에 오르니
길 따라 낙엽 곳곳에 쌓였다
팥배나무 열매는 단풍보다 붉고
혼자 놀던 까치 발소리에 놀라 갑자기 날아가네

산사의 저녁 바람에 풍경 어지럽고
산객 머물지 않고 곧 자리 뜬다
잿빛 구름 사이 사양은 얼굴 드러내
음산한 가을 숲에 온기를 뿌려 주더라

재미있는 눈사람 변천사

겨울

夜間何來声
야간하래성
開曉窓雪客
개효창설객
喬木嫋袂重
교목뇨메중
全裸枝白色
전라지백색

柿紅燈稀微
시홍등희미
曙鳥迷路惕
서조미로척
老松擧雪傘
노송거설산
稍黎明待旭
초려명대욱

밤새 무언가 오는 소리
새벽 창을 여니 눈 손님이네
키 큰 나무는 휘늘어진 옷소매가 무겁고
모두 벌거벗은 나뭇가지는 흰빛이구나

감나무 붉은 등은 희미하여
새벽 새는 길 잃을까 두렵고
노송은 설산을 들어
점점 밝아질 무렵 아침 해를 기다리네

靑天白雲相散遊
청천백운상산유
玉簪花俄雪驚倒
옥잠화아설경도

疎樹间堆雪露林
소수간퇴설로림
亭子銀杏抱雛巢
정자은행포작소

雛巢(작소): 까치집

푸른 하늘에 흰 구름은 서로 흩어져 놀고
옥잠화는 갑작스러운 눈에 놀라 넘어졌다

성긴 나무 사이 쌓인 눈은 숲을 드러내고
정자 은행나무는 까치집을 끌어안았네

靑天白半月出遊
청천백반월출유
晩林群鳥擾亂鳴
만림군조요란명

柏葉落堆展黃褥
백엽락퇴전황욕
夕陽樹柱捺紅光
석양수주날홍광

染止丹楓枯凋殘
염지단풍고조잔
過客的身撒柏香
과객적신살백향

푸른 하늘에 흰 반달은 나와 놀고
저녁 숲에 뭇 새들 요란히 울어 대네

잣잎은 떨어져 쌓여 누런 요를 깔고
저녁볕은 나무 기둥에 붉은빛을 찍는구나

물들다 만 단풍은 말라 시들어 붙어 있고
지나는 객의 몸엔 잣향을 뿌려 주네

午後向三時俄曛
오후향삼시아훈
遂暴雨閃光裂声
수폭우섬광렬성

昨踏凍雪今寒雨
작답동설금한우
自然嫉妬萬物驚
자연질투만물경

오후 세 시쯤 갑자기 어둑어둑하더니
마침내 폭우 섬광 찢어지는 소리

어제는 언 눈을 밟았는데 오늘은 찬비라
자연의 질투에 만물이 놀라네

曉雨終日曇
효우종일담
兩人同山行
양인동산행
落叶路無端
낙엽로무단
隨路山香濃
수로산향농

晚林無限深
만림무한심
间间聽烏鳴
간간청오명
榻子坐暫休
탑자좌점휴
庵木鐸遠聽
암목탁원청

새벽 비에 종일 흐린데
두 사람 함께 산행하니
낙엽길은 끝이 없고
길 따라 산향 짙다

저녁 숲은 한없이 깊고
때때로 들리는 까마귀 울음
긴 의자에 앉아 잠시 쉬는데
암자의 목탁 소리 멀리서 들려오네

開曙窓大滿月休
개서창대만월휴
竟夜行處處止爰
경야행처처지원

億劫歲月常無伴
억겁세월상무반
今昔人爲友欲親
금석인위우욕친

새벽 창을 여니 큰 보름달이 쉬고 있네
밤새도록 곳곳을 누비다가 여기에 멈췄구나

억겁의 세월에 늘 짝이 없어
옛사람이나 지금 사람이나 벗을 삼아 친하고자 하네

開窓入寒風
개창입한풍
曉天月光弱
효천월광약

無數樹葉落
무수수엽락
凝縮一葉拓
응축일엽탁

창을 여니 찬 바람 들어오고
새벽하늘에 달빛 약하다

무수한 나뭇잎 떨어지더니
응축되어 한 잎 박아 놓았네

冬将军中面妈往
동장군중면마왕
曠安養川凫不見
광안양천부불견

遠疎黄木雀巢黑
원소황목작소흑
灰建物间電線紛
회건물간전선분

電鐵劈風遲重行
전철벽풍지중행
路边裸櫻顫寒身
노변라앵전한신

동장군 속에 엄마를 만나러 가는데
헹한 안양천엔 물오리 보여지 않네

멀리 성근 누런 나무엔 까치집이 검고
잿빛 건물 사이 전깃줄은 어지럽구나

전철은 바람을 가르며 천천히 힘겹게 가는데
길옆에 벌거벗은 벚나무 차가운 몸을 떠네

捲窓簾無聲雪飛
권창렴무성설비
稀微村登照曙路
희미촌등조서로

路边老松發雪花
노변로송발설화
雒饭紅柿被白帽
작반홍시피백모

창에 발을 걷으니 소리 없이 눈 날리고
희미한 마을 등은 새벽 길을 비춘다

길옆에 노송은 눈꽃을 피우고
까치밥 붉은 감은 흰 모자를 썼구나

阪堆雪白凍
판퇴설백동
寒风搖竹枝
한풍요죽지

甘棠坐灰鳥
감당좌회조
口銜紅實飛
구함홍실비

산비탈에 쌓인 눈은 하얗게 얼고
차가운 바람은 대나무 가지를 흔들어 대네

팥배나무에 앉은 잿빛 새
입에 붉은 열매 물고 날아가더라

未時冬雨終日下
미시동우종일하
煙霧中山村灰色
연무중산촌회색

無倚處鳥呑鳴飛
무의처조탄명비
被塵寒木久日浴
피진한목구일욕

때아닌 겨울비가 종일 내리고
안개 속에 산마을은 잿빛이구나

기댈 곳 없는 새는 울음 삼키며 날고
먼지 쓴 겨울나무는 오랜만에 목욕하네

今聖诞日氣再冷
금성탄일기재랭
黃泥路堅好山步
황니로견호산보
入林大息香微微
입림대식향미미
碧空午月出白笑
벽공오월출백소

人稀柏林清暉滿
인희백림청휘만
甘棠灰鳥遊声娛
감당회조유성오
四季山行得智慧
사계산행득지혜
無言訓中今年暮
무언훈중금년모

오늘은 성탄일 날씨 다시 추워지고
누런 진흙 길은 굳어 산보하기 좋다
숲에 들어서 크게 숨 쉬니 향 미미하고
푸른 하늘에 낮달은 나와 하얗게 웃고 있네

사람 드문 잣숲엔 밝은 햇살 가득하고
팥배나무에 잿빛 새는 노는 소리 즐겁다
사계의 산행은 지혜를 얻고
말 없는 가르침 속에 올해도 저물어 가는구나

欲面妈妈去
욕면마마거

上石階身重
상석계신중

埃雲覆天鬱
애운부천울

寒气烈鼻梁
한기렬비량

望春紆黃髮
망춘우황발

洋槐其啾風
양괴기추풍

鑿山車声喧
착산차성훤

作止雛巢放
작지작소방

川石白鷺休
천석백로휴

鳧家族娛泳
부가족오영

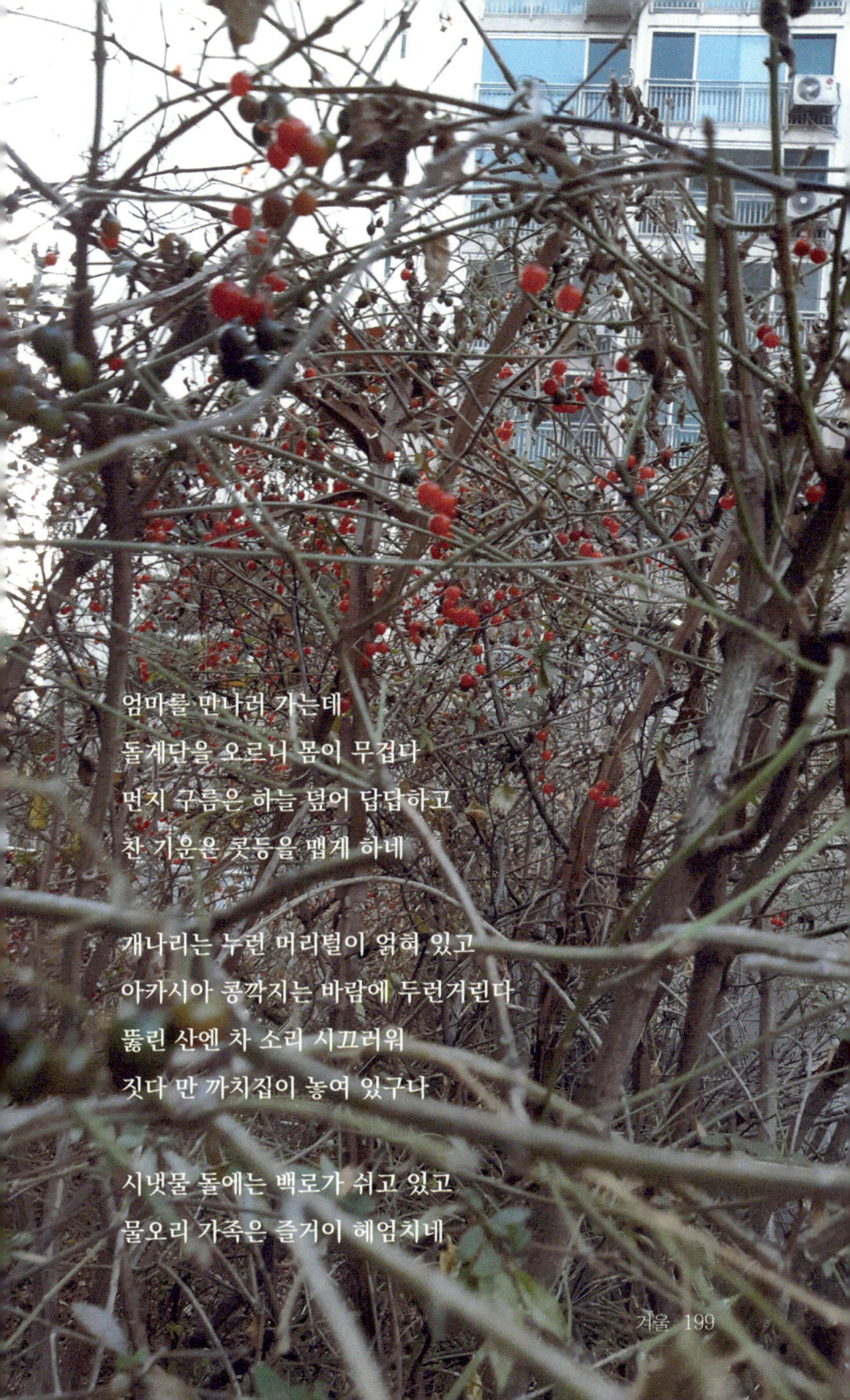

엄마를 만나러 가는데
돌계단을 오르니 몸이 무겁다
먼지 구름은 하늘 덮어 답답하고
찬 기운은 콧등을 맵게 하네

개나리는 누런 머리털이 얽혀 있고
아카시아 콩깍지는 바람에 두런거린다
뚫린 산엔 차 소리 시끄러워
짓다 만 까치집이 놓여 있구나

시냇물 돌에는 백로가 쉬고 있고
물오리 가족은 즐거이 헤엄치네

丁酉十二月末日
정유십이월말일
狗銜鷄翹怱怱從
구함계교총총종

昨終日微塵中鬱
작종일미진중울
夜間細雪山村淨
야간세설산촌정

凝情如裸木脫衣
응정여라목탈의
小日常中祈安寧
소일상중기안녕

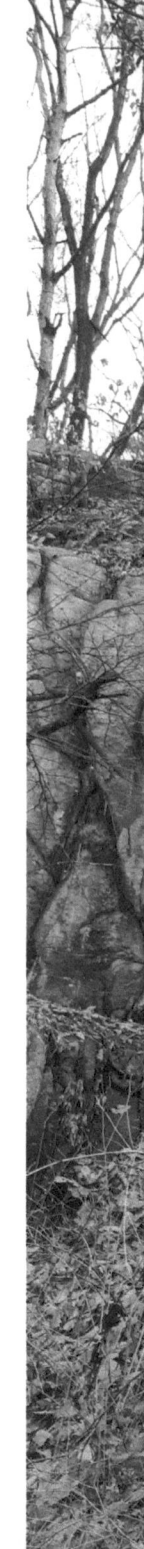

정유년 12월 말일
개가 닭 꼬리깃털을 물고 총총히 따라오네

어제는 종일 미세먼지 속에 답답하더니
밤사이 세설에 산마을이 깨끗하구나

응어리진 정은 벌거벗은 나무처럼 벗어 버리고
작은 일상 속에 건강과 편안함을 빌어 본다

午後日出暫登山
오후일출잠등산
縹天白雲漫圖畵
표천백운만도화

山路雪滑如顚倒
산로설활여전도
山寺祈福山客多
산사기복산객다

昨今連日但改歲
작금련일단개세
寒风知不知掠過
한풍지부지략과

오후에 해가 나와 잠시 산에 오르니
옥빛 하늘에 흰 구름은 제멋대로 그림을 그린다

산길은 눈이 미끄러워 엎어져 넘어질 듯하고
산사에는 복을 비는 산객들 많네

어제오늘 이어진 날에 해만 바뀌었을 뿐
찬 바람은 아는지 모르는지 스쳐 지나네

阪路匿岩懸冰柱
판로닉암현빙주
午日如醉眠朦朧
오일여취면몽롱

空林陰散寒气滿
공림음산한기만
寂寞山寺烏鳴翔
적막산사오명상

산비탈 길 숨은 바위엔 고드름 매달려 있고
낮 해는 잠에 취한 듯 몽롱하다

빈 숲은 음산하니 찬 기운 가득하고
적막한 산사엔 까마귀 울며 나네

寒山冷气醒心身
한산랭기성심신
無疵碧空自歎惘
무자벽공자탄망

去年雛巢何處移
거년작소하처이
槐如不知細枝紅
괴여부지세지홍

槐(괴): 느티나무

겨울 산의 차가운 기운은 몸과 마음을 깨우고
흠 없는 푸른 하늘은 절로 감탄스러워 마음 잃게 하네

지난해 까치집은 어느 곳으로 옮겼을까?
느티나무 잔가지는 모르는 체 붉기만 하더라

醒男開窓歡眉月
성남개창환미월
銳利月光刺曙天
예리월광자서천

黎明山村漸漸伸
여명산촌점점신
酷寒層層起突煙
혹한층층기돌연

曉路黑衣人步忙
효로흑의인보망
殘雪添豊美冬山
잔설첨풍미동산

아들을 깨우고 창을 여니 반가운 초승달이
예리한 달빛으로 새벽하늘을 찌르네

여명에 산마을은 점점 기지개 켜고
혹한에 층층이 굴뚝 연기를 피운다

새벽길에 검은 옷의 사람 걸음 바쁘고
잔설은 겨울 산에 아름다움 더하네

連日微塵煙與留
연일미진연여류
埃雲覆天視野灰
애운부천시야회

小陵柏如前黑青
소릉백여전흑청
路上無人山鳩徊
노상무인산구회

연일 미세먼지는 안개 함께 머물고
먼지구름은 하늘 덮어 시야가 잿빛이다

작은 언덕에 잣나무는 여전히 푸르죽죽하고
길 위엔 사람 없고 산비둘기 어정거리네

因中國發不請客
인중국발불청객
處處五千萬息難
처처오천만식난

盛冬靄靄風亦靜
성동애애풍역정
但路黑衣覆面人
단로흑의복면인

중국발 불청객으로 인해
곳곳에 오천만이 숨쉬기가 힘드네

한겨울에 안개 자욱하고 바람마저 조용한데
단지 길에 검은 옷에 마스크 한 사람뿐……

午後擧鳥餌登山
오후거조이등산
微塵如前煙中留
미진여전연중류
太陽似午睡無力
태양사오수무력
林裏白岩匿冰柱
임리백암닉빙주

隨阪狹路放鳥餌
수판협로방조이
山風慇懃寒洟流
산풍은근한이류
回山寺下媛鳥遊
회산사하원조유
啄木鸟啄啄奔走
탁목조탁탁분주

오후에 새 모이를 들고 산에 오르니
미세먼지는 여전히 안개 속에 머물고 있네
태양은 낮잠 자는 듯 힘이 없고
숲속의 흰 바위는 고드름을 숨겼구나

산비탈 좁은 길 따라 새 모이를 놓아 주니
산바람은 은근 차서 콧물이 흐른다
산사를 돌아 내려오니 예쁜 새 놀고
딱따구리는 나무 쪼는 소리 분주하네

冬將軍再訪
동장군재방
層層起煙突
층층기연돌
寒風繞山村
한풍요산촌
微塵驚遠没
미진경원몰

我家不知冷
아가부지랭
子女歸凍説
자녀귀동설
待春草木顫
대춘초목전
遊山鳩皆絶
유산구개절

동장군이 다시 찾아와
층층이 굴뚝 연기를 피워 내고
차가운 바람은 산마을을 감아
미세먼지는 놀라서 멀리 사라졌네

나는 집에서 추운지 모르는데
아들딸 돌아와서 얼겠다 말한다
봄을 기다리던 초목은 떨고
놀던 산비둘기 모두 끊어졌구나

嚴冬寒波凍水槽
엄동한파동수조
連日放送勿洗濯
연일방송물세탁

而曛山村射月光
이훈산촌사월광
殘霞裸木紅枝婥
잔하라목홍지작

엄동 한파에 물탱크가 얼고
연일 방송으로 빨래를 하지 말라 하네

그래도 산마을에 땅거미 지니 달빛을 쏘아 주고
남은 노을에 벌거벗은 나무는 붉은 가지가 아름답구나

나뭇가지에 걸린 구름.

午後有事暫外出
오후유사잠외출
山風吹下推我背
산풍취하퇴아배
黑變山査實皆落
흑변산사실개락
赤枝朔鳥惘然坐
적지삭조망연좌

厚衣被帽人步重
후의피모인보중
路邊冬青吐紅子
노변동청토홍자
歲月流水余軀老
세월류수여구로
快退嚴寒溫春來
쾌퇴엄한온춘래

冬青(동청): 사철나무

오후에 일이 있어 잠시 밖에 나가니
산바람은 불어 내려와 내 등을 민다
검게 변한 산사 열매는 모두 떨어지니
빈 가지에 겨울새 망연히 앉아 있네

두터운 옷에 모자를 쓴 사람 걸음 무거운데
길옆에 사철나무는 붉은 열매를 토해 내네
세월은 유수라 내 몸 늙어도
빨리 무서운 추위 물러가고 따뜻한 봄이 왔으면……

昨夜山頭撒月光
작야산두살월광
今曉大月窺余房
금효대월규여방

竟夜守山村何難
경야수산촌하난
我不知厥甘睡中
아부지궐감수중

어젯밤 산머리에 달빛 뿌리더니
오늘 새벽 슈퍼문이 내 방을 엿보네

밤새도록 산마을을 지키느라 얼마나 힘들었을까?
나는 그것도 모르고 단잠 중이었네

過雨水節促春季
과우수절촉춘계
大地乾燥黃塵起
대지건조황진기

昨烈風搖老松柱
작렬풍요로송주
柏巢匿鳩驚鳴止
백소닉구경명지

山頭多雲快散逃
산두다운쾌산도
深夜雪客被白衣
심야설객피백의

우수절도 지나고 봄을 재촉하는데
대지는 건조해 누런 먼지 인다

어제 매서운 바람은 노송의 기둥을 흔들고
잣나무 새집에 숨은 비둘기 놀라 울음 그치네

산머리엔 많은 구름이 빨리 흩어져 달아나더니
깊은 밤 눈 손님이 흰옷을 입혔구나